## Extra

60 Register

62 Impressum

➤ **64 Die 10 GU-Erfolgstipps
mit der Geling-Garantie für
gesundes Backen**

➤ **GU Serviceseiten**

## Naschen erlaubt

Selbst gebackene Torte oder
Kuchen zum Kaffee oder Tee,
Gebäckteilchen, Plätzchen
zum Naschen zwischendurch –
Diabetiker und alle, die mit
Zucker und Kalorien sparsam
umgehen möchten, finden in
diesem Ratgeber eine Fülle
köstlicher Anregungen. Ob
Streusel-, Apfel- oder Käsekuchen, Leckereien mit Nüssen,
Früchten, Schokolade oder auch
salzige Kleinigkeiten, hier ist
für jeden etwas dabei und alles
bleibt im gesunden Rahmen.
Da naschen auch die Familie
und Gäste gerne mit.

# Zucker- und fettarmes Backen

Gerade bei Selbstgebackenem haben Sie es in der Hand, die besten und vor allem die gesündesten Zutaten zu verwenden. Süßes muss nicht gleich supersüß sein. Weniger ist oft mehr und sensibilisiert die Geschmacksnerven. Die halbe Menge Butter oder Sahne macht Torten nicht weniger lecker, doch sehr viel leichter.

## 1 | Zucker-Ersatz

Für mehr Spielraum auf dem süßen Sektor sorgen neben normalem Zucker vor allem die sogenannten **Zuckeraustauschstoffe**. Dazu zählt der **Fruchtzucker**, auch **Fruktose** genannt, der nur zum Teil insulinabhängig verstoff-

wechselt wird. Fruchtzucker wird beim Backen wie herkömmlicher weißer Zucker behandelt, süßt jedoch etwas stärker als dieser. Er eignet sich vor allem für Biskuitteig und luftige Cremes. Fruktose kann auch mit **Sorbit** oder **Xylit** angereichert sein, zwei weitere Zuckeraustauschstoffe mit mehr Süßkraft. **Flüssiger Süßstoff**, z. B. mit Cyclamat, Saccharin, Thaumatin oder Aspartam, wird tropfen- oder teelöffelweise dosiert und ist damit ideal zum Nachsüßen, darüber hinaus ist er kalorienfrei. Für Kuchen und Plätzchen sind **Trockenfrüchte**, die Fruchtzucker enthalten, zum Mitsüßen in kleinen Mengen geeignet. **Fruchtmark** ohne weiteren Zuckerzusatz, **Honig** oder **Ahornsirup** können Sie in kleineren Mengen ebenfalls verwenden.

## 2 | Fettarmes Backen

Teige lassen sich auch mit weniger Butter, cholesterinarmer Margarine oder mit Pflanzenöl herstellen. Mehr darüber finden Sie auf den S. 10 und 11 (Grundteige).

## 3 | Cremes und Füllungen

### Sahnecreme
Verwenden Sie halb Sahne, halb Joghurt. Dafür die Sahne mit der doppelten Menge Sahnefestiger steif schlagen und danach den Joghurt unterrühren. Sahnefüllungen können auch mit Gelatine gebunden werden, ebenfalls danach erst mit dem Joghurt mischen. Für 100 g Sahne und 100 g Joghurt genügen 2 Blatt Gelatine.

### Quarkcreme
Für Füllungen oder Auflagen, die mitgebacken werden, Magerquark mit Speisestärke und geschlagenem Eiweiß zubereiten. Für 1 Kuchen nehmen Sie 500 g Quark, 50 g Fruchtzucker, 2 EL Stärke und 2 Eiweiß.

### Joghurtcreme
Für fruchtige Tartes und Torten unter den Joghurt aufgelöste Gelatine rühren, aufstreichen, kühl stellen und fest werden lassen. Für 250 g Joghurt brauchen Sie 3 Blatt Gelatine.

# Backen für Diabetiker

## süß und herzhaft

> Autoren: **Petra Casparek** | **Erika Casparek-Türkkan** | Fotos: **Michael Brauner**

# Inhalt

## Die Theorie

➤ **4 Zucker- und fettarmes Backen**

4 Zucker-Ersatz

4 Fettarmes Backen, Cremes und Füllungen

5 Zuckerarm verzieren

6 Mehl und Teig

7 Kuchen und Gebäck im Vorrat

8 Tipps und Tricks

➤ **9 Pannenhilfe**

➤ **10 Grundteige**

## Die Rezepte

12 Die Feinen – Sahnige Torten, fruchtig-frische Pies und Tartes

22 Für jeden Tag – Kuchengenuss wie in Kindertagen: Streuselkuchen, Marmorkuchen und Guglhupf

32 Die kleinen Süßen – Teilchen, Törtchen, Windbeutel: süß und superlecker

40 Zum Knabbern – Nicht nur zur Weihnachtszeit: Mandelkugeln, Zitronensterne, Cantuccini

50 Die kleinen Herzhaften – Für Feste, Gäste und zwischendurch: salzige Kleinigkeiten, z. B. Olivenkugeln, kleine Strudel und Grissini

**Mit Kuvertüre und Schokolade:** Nur Produkte mit mindestens 70 % Kakaoanteil verwenden. Feine Streifen der geschmolzenen Kuvertüre oder Schokolade aufpinseln oder -spritzen. Oder hauchdünne Späne abschaben und auf die Torte streuen. Edelherbe Diabetikerschokolade eignet sich gut dafür.

**Mit Nüssen und Samen:** Bei festen Kuchen, die nach dem Backen gestürzt werden, vorher die Form einfetten, mit Pinienkernen, gehobelten Haselnüssen oder gehackten Mandeln ausstreuen. Obst- oder Käsekuchen vor dem Backen mit Mandelblättchen oder Walnüssen verzieren.

**Mit Eigelbglasuren:** Statt Zuckerglasur rohes Eigelb durchs Sieb streichen, mit flüssigem Süßstoff und Vanillemark oder Zitronenöl aromatisieren. Plätzchen, Gebäck und Kuchen kurz vor Backzeitende damit einstreichen. Nach Geschmack mit Zitrusschalenstreifen, Rosinen oder gehackten Pistazien garnieren.

**Mit Puderzucker und Kakao:** Aus gefaltetem Papier ein Spitzendeckchen ausschneiden, auf den Kuchen legen und mit Puderzucker oder Kakao dekorativ überpudern. Wird das Papier abgehoben, zeigt sich das Muster. Oder Puderzucker sparsam auf dunklen Schokoladenboden oder Kakao auf eine helle Creme sieben.

**Mit Früchten und Konfitüre:** Beeren, Orangen- oder Kiwischeiben und andere Früchte eignen sich immer als Kuchen- und Tortendekoration und heben sich von einem Sahne- oder Quarküberzug ab. Zum Befestigen von kleinen Blätter- oder Mürbeteigmotiven leistet Diabetiker-Konfitüre gute Dienste.

**Creme- und Sahne-Deko:** Dafür bietet ein Spritzbeutel mit unterschiedlichen runden oder gezackten Tüllen viele Gestaltungsmöglichkeiten. Wer die Creme oder Sahne mit etwas Blaubeer-, Kirsch- oder Möhrensaft oder mit Kakaopulver tönt, kann alles kunterbunt verzieren.

# Mehl und Teig

### 1 Tiefkühl-Blätterteig

Nebeneinander gelegt auf einer leicht bemehlten Fläche brauchen die Scheiben 15 Minuten zum Auftauen. Blätterteig nie zusammen kneten, sondern Teigreste übereinander liegend ausrollen, damit der Teig schön blättrig bleibt.

### 2 Tiefkühl-Hefeteig

Teigplatten nebeneinander liegend auf einer bemehlten Fläche in 20 Minuten auftauen lassen. Die Platten zusammenlegen, verkneten, in die gewünschte Form bringen und 30 Minuten zugedeckt gehen lassen.

### 3 Filloteig

Die hauchdünnen griechischen Filloteigblätter bekommt man tiefgefroren oder frisch im türkischen oder griechischen Lebensmittelhandel. Die Blätter auseinanderrollen und einzeln entnehmen.

### 4 Strudelteig

Strudelteig gibt es zusammengelegt im Folienbeutel im Kühlregal des Supermarktes. Liegt er dort zu lange, ist er oft etwas brüchig. Die eventuell vorhandene Mehlschicht nach dem Auseinandernehmen des Teiges mit dem Pinsel entfernen.

Je höher die Typenzahl, desto mehr Mineralstoffe aus den Randschichten des Weizenkorns enthält das Mehl. Für feine Kuchen und Gebäcke eignet sich feines Weizenmehl am besten. Dabei muss es nicht unbedingt das ganz weiße Auszugsmehl (Type 405) sein, das keine Vitamine, Mineral- und Ballaststoffe mehr enthält. Das etwas dunklere Weizenmehl Type 1050 eignet sich genau so gut zum Kuchenbacken und liefert zumindest einige der für unseren Organismus so wichtigen Stoffe. Wer dunkleres Mehl gegen Weizenmehl Type 405 austauschen möchte, sollte die im Rezept angegebene Flüssigkeitsmenge etwas reduzieren, denn Weizenmehl Type 1050 braucht mehr Feuchtigkeit als helles.

Wenn die Zeit knapp ist, können Sie für viele Kuchen auf Teige aus der Tiefkühltruhe oder dem Kühlregal zurückgreifen. Die vier wichtigsten stellen wir Ihnen auf dieser Seite vor.

# Vorrat

**Portionieren:** Nicht Verzicht ist die Devise, sondern bewusstes Naschen. Darum Kuchen und Torten in kleine Stücke schneiden, eine Torte von 26 cm Durchmesser beispielsweise in 16–20 Stücke. Servieren Sie Früchte dazu: etwa Mohnkuchen mit Kirschkompott, Käsekuchen mit Fruchtsalat. Plätzchen nur halb so groß wie im Rezept angegeben backen und in Pralinenhülsen anrichten: So werden sie zu Konfekt, von dem man ohne Reue auch einmal mehrere Stücke naschen kann.

**Aufbewahren:** Biskuittorten mit Käse- oder Joghurt-Sahne-Creme sollten möglichst frisch noch am Tag der Zubereitung verzehrt werden. Mürbeteigtartes und Pies schmecken auch am zweiten und dritten Tag noch gut. Zum Aufbewahren einfach locker in Folie einschlagen oder unter der Tortenhaube lagern und vor allem in den Kühlschrank stellen. Trockene Kuchen und Plätzchen lassen sich gut einige Tage, Plätzchen sogar wochenlang in Blechdosen, in Folie oder in Kunststoffboxen aufbewahren.

**Einfrieren:** Torten mit Cremefüllungen eignen sich nicht so gut zum Einfrieren wie etwa Linzer Torte, Walnusstarte oder Muffins. Den Kuchen in Portionsstücke schneiden, mit Frischhaltefolie trennen und wieder zusammensetzen. Den Kuchen dann in einen großen Folienbeutel geben, die Luft herausstreichen und den Beutel schließen. Plätzchen, beispielsweise Zitronensterne, Schokoladenrauten oder Cantuccini in Beuteln oder Gefrierdosen einfrieren.

**Halbfertige und rohe Teige einfrieren:** Auch blindgebackene Tarteletts, durchgebackene Biskuitböden oder rohe Mürbeteige eignen sich bestens zum Einfrieren. Tarteletts und Biskuitböden auf einen Pappteller setzen und in einen Folienbeutel geben. Fertige Teige zu einer Kugel formen und im Folienbeutel oder in Alufolie gewickelt einfrieren. Biskuitböden und Hefeteig halten sich bis zu sechs Monaten, vorgebackene Tarteletts und Mürbeteig bis zu zwei Monaten.

7

# Tipps und Tricks

## Backblech mit Back-papier vorbereiten

➤ Damit sich das Backpapier der Backform und dem Teigboden optimal anpasst, kann man es nach dem Zurechtschneiden klein zerknüllen. Nimmt man das Papier dann wieder auseinander, ist es schön weich und schmiegt sich in jede Ecke.

## Blindbacken

➤ Den rohen Mürbeteigboden mit der Gabel mehrmals einstechen. Ein passend zurecht geschnittenes Stück Backpapier auf den Teig legen und mit einer dicken Schicht getrockneter Erbsen beschweren (s. S. 29). Wie im Rezept beschrieben vorbacken, Erbsen und Backpapier entfernen.

## Garprobe

➤ Eine Stricknadel oder ein Holzstäbchen in die dickste Stelle des Kuchens stechen. Bleibt beim Herausziehen Teig als schmieriger Film an der Stricknadel oder dem Holzstäbchen haften, ist der Kuchen noch nicht gar. Bleiben wenige kleine Brösel oder gar kein Teig daran haften, kann der Kuchen aus dem Ofen genommen werden.

## Backformen einfetten

➤ Kuchen und Torten lassen sich nach dem Backen gut aus der Form lösen, wenn man diese vor dem Einfüllen mit weicher oder zerlassener Butter oder Margarine einfettet. Dann 2–3 EL Mehl, Paniermehl, Grieß oder Haferflocken in die Form geben und die Form drehen und schütteln, bis sie innen rundum gleichmäßig überzogen ist. Überschüssiges Mehl leicht aus der umgedrehten Form klopfen.

## Umrechnen auf kleine Backformen

➤ Für einen kleinen Kuchen (20 cm Durchmesser) einfach die halbe Menge eines normal großen Kuchens (26 cm Durchmesser) zubereiten. Das gleiche gilt für eine Kastenform von 16 cm Länge, hier reicht die halbe Menge einer 25 cm langen Form.
Die Backzeit der kleineren Kuchen verringert sich um 5–10 Minuten, rechtzeitig die Garprobe machen!

## Eiweiß steif schlagen

➤ Eine absolut fettfreie Schüssel sowie sehr gründlich gereinigte Schneebesen sind ausschlaggebend für das Gelingen von Eischnee. Am besten sehr gut gekühlte, säuberlich vom Eigelb getrennte Eiweiße verwenden. Die Eiweiße mit einer Prise Salz zuerst bei kleinster Stufe schlagen, dann auf höchster Stufe aufschlagen. Das Eiweiß ist steif genug, wenn ein Messerschnitt deutlich sichtbar bleibt.

# Pannenhilfe

### Die Creme wird nicht fest

➤ Gekühlte Cremes mit Joghurt, Quark, Sahne, Früchten und Gelatine, die nicht fest werden, bei Raumtemperatur aufwärmen lassen. Zusätzlich 2–3 Blatt eingeweichte, aufgelöste Gelatine unter die Creme rühren, in den Kühlschrank stellen und fest werden lassen. Auch altbackene Biskuitböden leisten hier gute Dienste. Einfach grob zerbröseln und unter die Creme ziehen.

### Der Kuchen ist verbrannt

➤ Leicht verbrannte Kuchen aus Rühr-, Hefe-, Quark-Öl- oder Mürbeteig lassen sich retten. Die dunkle oder schwarze Schicht vorsichtig abschaben oder fein abreiben. Dickere Schichten abschneiden. Den Kuchen dann mit einer Quark-Sahne- oder einer Pudding-Creme überziehen und mit Obst belegen.

### Der Kuchen ist zu trocken

➤ Zu lange gebackene, staubtrockene Kuchen aus Rühr- oder Biskuitteig mit Obstsaft tränken und belegen. Oder ein Trifle zubereiten: Dafür den Kuchen in dünne Streifen schneiden, in einer Schüssel auslegen, mit Saft und Sherry beträufeln und schichtweise Puddingcreme, Obst und weitere Kuchenstreifen einschichten. Mit geschlagener Sahne und Obst garnieren.

### Der Kuchen geht nicht aus der Form

➤ Den Kuchen 5–10 Minuten in der Form abkühlen lassen. Oder ein heißes, feuchtes Tuch um die Form wickeln, kurz stehen lassen und den Kuchen auf das Kuchengitter stürzen. Die Ränder des Kuchens vorsichtig mit dem Messer lösen, den Kuchenboden aus einer Springform mit einem großen Messer losschneiden. Letzte Rettung: den Kuchen aus der Form heraus in Stücke schneiden.

### Die Sahne wird nicht steif

➤ Sahne, die nicht steif wird, nochmals gut kalt stellen oder die Sahne in einer Metallschüssel auf dem Eisbad schlagen. Die Schüssel zum Aufschlagen, besonders bei hochsommerlichen Raumtemperaturen, im Eisfach vorkühlen. Sahnefestiger verwenden!

### Plätzchen laufen beim Backen zusammen

➤ Wird aus vielen Plätzchen beim Backen eine Schicht, kann man noch weichen Teig direkt nach dem Backen mit Förmchen ausstechen oder in Rauten, Quadrate oder Streifen schneiden.

# Grundteige

### Hefeteig

Für 1 Kuchen
(26–28 cm Ø) oder
6–8 Gebäckstücke
250 g Mehl (Type 1050)
1 Prise Salz
1/2 Würfel Hefe
1 TL Fruchtzucker
1/8 l lauwarme Milch

Mehl in eine Schüssel
sieben, Salz aufstreuen.
Hefe und Zucker in der
Milch glatt rühren, zum
Mehl gießen. Alles zu
einem Teig kneten. Zu-
gedeckt 30 Min. gehen
lassen, zusammen kne-
ten, laut Rezept formen
und nochmals 20 Min.
gehen lassen.

### Quark-Öl-Teig

Für 8 Gebäckteile oder
1 Kuchen (26 cm Ø)
250 g Mehl (Type 1050)
1/2 Päckchen Back-
pulver
1 Prise Salz
40 g Fruchtzucker
1 TL abgeriebene Zitro-
nenschale von 1 unbe-
handelten Frucht
125 g Magerquark
50 ml Milch
1 Eigelb
60 ml Öl

Alle Zutaten zuerst mit
den Knethaken des elek-
trischen Handmixers,
dann mit den Händen
verkneten.

### Mürbeteig

Für 1 Boden (26 cm Ø)
oder 4 Tartelettförmchen
(10 cm Ø)
150 g Mehl (Type 1050)
1 Prise Salz
1 EL Fruchtzucker
1 Eigelb
50 g kalte Butter

Alle Zutaten und 2–3 TL
Wasser auf die Arbeits-
fläche geben, mit einem
Messer durchhacken.
Dann mit den Händen
einen festen Teig kne-
ten, zur Kugel formen,
in Folie einwickeln und
20–30 Min. kühl ruhen
lassen. Laut Rezept wei-
ter verarbeiten.

### Biskuitteig

Für 1 Springform
(26 cm Ø)
2 Eigelb
70 g Fruchtzucker
6 Eiweiß
1 Prise Salz
80 g Mehl (Type 1050)
40 g Speisestärke

Eigelbe mit 50 ml Wasser
und Zucker cremig schla-
gen. Eiweiße mit Salz
steif schlagen. Mehl und
Speisestärke über die
Eigelbmasse sieben, den
Eischnee darauf geben.
Alles mit einem großen
Schneebesen unterzie-
hen. Nach Rezept weiter
verarbeiten.

### Rührteig

Für 1 Springform
(20 cm Ø)
60 g Butter
40 g Fruchtzucker
1/2 TL flüssiger Süß-
stoff
2 kleine Eier
1 Prise Salz
3 Tropfen Zitronenöl
100 g Mehl (Type 1050)
1 TL Backpulver

Butter mit Zucker und
Süßstoff schaumig
rühren. Eier, Salz und
Zitronenöl unterrühren.
Mehl mit Backpulver
vermischt über die
Buttermischung sieben,
unterrühren. Je nach
Rezept weiterverar-
beiten.

### Muffinteig

Für 18 Muffins
80 g Fruchtzucker
1 TL flüssiger Süßstoff
80 ml Sonnenblumenöl
100 g gemahlene Man-
deln
1 Ei
1 TL gemahlene
Bourbon-Vanille
1/4 l Buttermilch
250 g Mehl (Type 1050)
je 1 TL Natron und Back-
pulver
1 Prise Salz

Alle flüssigen Zutaten
verrühren, dann die
Mehlmischung dazuge-
ben. Je nach Geschmack
250 g TK-Früchte (z. B.
Beeren) dazugeben, im
Muffinsblech 30 Min. bei
200° backen.

### Brandteig

Für 8 Gebäckteile
1 Prise Salz
30 g Butter
70 g gesiebtes Mehl
2 Eier

1/8 l Wasser mit Salz
und Butter aufkochen,
Mehl dazugeben und
rühren, bis ein dicker,
glänzender Kloß ent-
steht und sich am Topf-
boden ein Teigfilm
absetzt. Teig in eine
Schüssel geben, Eier
einzeln dazugeben und
unterrühren. Je nach
Rezept weiterverar-
beiten.

### Strudelteig

Für 1 Strudel
150 g Mehl (Type 405)
1 Prise Salz
2 EL Öl
1/2 TL Weißweinessig

Alle Zutaten mit 75 ml
lauwarmem Wasser
verkneten, in Folie ein-
gewickelt 1 Std. ruhen
lassen. Auf einem mit
Mehl bestreuten Kü-
chentuch ausrollen,
über dem Handrücken
dünn ausziehen. Laut
Rezept weiterverar-
beiten.

# Die Feinen

Beliebte Klassiker wie die Torte auf Linzer Art, wie saftige Tartes oder Pies mit Früchten vom Baum oder Strauch, knackig mit Nüssen oder sahnig-zart mit Käse oder Joghurt: Hier ist Schlemmen und ungetrübte Lust an Süßem angesagt. Bleibt etwas übrig, lässt es sich auf Vorrat einfrieren.

13   Torte Linzer Art
13   Tarte Tatin
15   Beerentarte mit Joghurtcreme
16   Apfeltarte
16   Walnusstarte

19   Käsesahnetorte mit Preisel-
     beeren
20   Rhabarberpie

# Blitzrezepte

## Torte Linzer Art

FÜR 1 FORM VON 26 CM Ø (16 STÜCK)

➤ je 300 g gem. Mandeln und Mehl
abger. Schale 1 unbehandelten Zitrone
1/2 TL Zimt | 5 EL Fruchtzucker | 2 TL
Süßstoff | 1 Ei | 5 EL Milch | 150 g
Butter | 250 g Himbeer-Fruchtaufstrich
ohne Zuckerzusatz | Butter für die Form

➤ Pro Stück ca.: 270 kcal/21 g KH

1 | Zutaten von Mandeln bis Butter ver-
kneten. Ofen auf 180° vorheizen.

2 | Form einfetten. Zwei Drittel des Teiges
ausrollen, die Form damit auskleiden. Mit
Fruchtaufstrich bestreichen. Restteig ausrollen, in breite Streifen schneiden, als
Gitter auflegen. Die Torte (Mitte, Umluft
160°) 40–45 Min. backen.

## Tarte Tatin

FÜR 1 FORM VON 24 CM Ø (8 STÜCK)

➤ 120 g Mehl | 1 Eigelb | 100 g Butter
1 kg Äpfel | je 1 EL Fruchtzucker und
Honig | Mehl zum Ausrollen

➤ Pro Stück ca.: 230 kcal/27 g KH

1 | Aus Mehl, Eigelb, 60 g Butter und
1–2 TL Wasser einen Teig kneten. Die
Äpfel schälen, vierteln und entkernen.
Den Ofen auf 220° vorheizen. 40 g Butter
in der Form schmelzen lassen, Zucker und
Honig darin goldbraun karamellisieren.

2 | Die Äpfel in der Form anordnen.
15 Min. goldbraun braten, dabei einmal wenden. Den Teig ausrollen, über die
Äpfel legen, am Rand einstecken. Die Tarte
20–25 Min. (Mitte, Umluft 200°) backen.
Vorsichtig stürzen.

braucht etwas Zeit

# Beerentarte mit Joghurtcreme

FÜR 1 SPRINGFORM
VON 26 CM Ø

➤ 150 g Mehl (Type 1050)
  4 EL Fruchtzucker
  70 g Butter
  12 Blatt weiße Gelatine
  450 g Bulgara-Joghurt
  1/2 TL Zitronenschale
  4 EL Maracujasaft
  100 g Sahne
  100 g Diabetiker-Erdbeer-Konfitüre
  500 g gemischte Beeren (frisch oder TK)
  Trockenerbsen
  Mehl zum Ausrollen
  Butter für die Form

🕐 Zubereitung: 1 Stunde
🕐 Backzeit: 20 Min.
➤ Bei 12 Stück pro Stück ca.: 175 kcal/20 g KH

1 | Mehl mit 1 EL Zucker, Butter und 2 EL Wasser zu einem Teig verkneten, in Folie einwickeln und 30 Min. kühl ruhen lassen. Ofen auf 200° vorheizen. Form einfetten.

2 | Den Teig ausrollen, die Form damit auslegen. Backpapier auflegen, Erbsen darauf verteilen. Im Ofen (Mitte, Umluft 180°) 20 Min. backen. Erbsen und Papier entfernen.

3 | Gelatine in kaltem Wasser einweichen. Joghurt mit Zitronenschale und 3 EL Zucker verrühren. Maracujasaft leicht erhitzen. Die Gelatine darin auflösen und unter den Joghurt rühren. Die Sahne steif schlagen und unterziehen.

4 | Die Beeren waschen und putzen, TK-Beeren gefroren verwenden. Den Boden mit zwei Drittel der Beeren belegen. Die Joghurtcreme darauf geben und glatt streichen. Zum Festwerden 30 Min. in den Kühlschrank stellen.

5 | Die Konfitüre durch ein Sieb streichen, erwärmen und vorsichtig auf die Joghurtcreme streichen. Noch 10 Min. in den Kühlschrank stellen und mit den restlichen Beeren verzieren.

**1** ➤ **Gelatine auflösen**
*Gelatine in kaltem Wasser einweichen. Tropfnass im Saft auflösen.*

**2** ➤ **Creme glatt streichen**
*Die Tarte mit Beeren belegen, mit Creme bedecken und glatt streichen.*

**3** ➤ **Mit Konfitüre verzieren**
*Konfitüre durchs Sieb streichen, erwärmen, auf die Creme streichen.*

15

schnell
# Apfeltarte

FÜR 1 TARTEFORM
VON 24 CM Ø

➤ 125 g Weizenmehl
(Type 1050)

100 g Butter

40 g Fruchtzucker

1 Ei

1 TL Zitronenschale

1 Prise Salz

600 g säuerliche Äpfel

2 EL Zitronensaft

4 EL Calvados (ersatzweise Apfelsaft)

Mehl für die Arbeitsfläche

Butter für die Form

⏲ Zubereitung: 30 Min.
⏲ Backzeit: 45 Min.
➤ Bei 12 Stück pro Stück ca.:
150 kcal/15 g KH

1 | Den Ofen auf 175° vorheizen, die Form fetten und mit Mehl einstäuben. Mehl mit 70 g Butter, 30 g Zucker, Ei, Zitronenschale und Salz verkneten.

2 | Teig in die Form drücken, dabei einen kleinen Rand bilden. Teigboden mehrmals einstechen, 15 Min.(Mitte, Umluft 160°) vorbacken.

3 | Die Äpfel vierteln, schälen, putzen, in Spalten schneiden, diese dachziegelartig in einer großen Spirale auf den Teigboden legen. 30 g Butter schmelzen lassen, mit Calvados, Zitronensaft und restlichem Zucker über die Äpfel geben. Weitere 30 Min. backen.

gelingt leicht
# Walnusstarte

FÜR 1 TARTEFORM
VON 24 CM Ø

125 g Weizenmehl
(Type 1050)

80 g Fruchtzucker

1 Eigelb

1 Prise Salz

100 g kalte Butter

1 Ei

50 g Sahne

3 EL Rum (nach Belieben)

1 Prise Zimtpulver

100 g grob gehackte Walnüsse

Mehl für die Arbeitsfläche

Butter für die Form

Backpapier und getrocknete Erbsen zum Blindbacken

⏲ Zubereitung: 35 Min.
⏲ Kühlzeit: 12 Std.

⏲ Backzeit: 45–50 Min.
➤ Bei 12 Stück pro Stück ca.:
220 kcal/15 g KH

1 | Mehl mit 30 g Zucker, Eigelb, Salz und 80 g Butter verkneten. Teig 12 Std. kühl stellen.

2 | Den Backofen auf 225° vorheizen, die Form fetten. Den Teig ausrollen, die Form damit auskleiden. Den Teigboden mehrmals einstechen, mit Backpapier und getrockneten Erbsen belegen. Im Ofen (Mitte, Umluft 200°) 12–15 Min. vorbacken. Anschließend Erbsen und Backpapier entfernen.

3 | Restlichen Zucker mit dem Ei und der Sahne verrühren. Restliche Butter schmelzen lassen und mit dem Rum, dem Zimt und den Nüssen unter die Eimischung rühren. Auf dem Boden verteilen und in 35–40 Min. fertig backen. In der Form abkühlen lassen.

für Gäste
# Käsesahnetorte mit Preiselbeeren

FÜR 1 SPRINGFORM
VON 20 CM Ø

➤ 1 Ei
60 g Fruchtzucker
2 Eiweiße
1 Prise Salz
40 g Weizenmehl
20 g Speisestärke
200 g Preiselbeerkompott mit Apfeldicksaft
1 TL gemahlene Bourbon-vanille (Reformhaus)
350 g Quark (20 % Fett)
4 Blatt weiße Gelatine
150 g Sahne
Butter für die Form

⏲ Zubereitung: 50 Min.
⏲ Kühlzeit: 2 Std.
⏲ Backzeit: 15–20 Min.
➤ Bei 12 Stück pro Stück ca.: 155 kcal/18 g KH

1 | Ofen auf 175° vorheizen. Springform einfetten, den Boden mit Backpapier auslegen. Das Ei trennen und das Eigelb mit 3 EL Wasser und 40 g Zucker cremig rühren. Die Eiweiße mit 1 Prise Salz steif schlagen. Das Mehl mit der Speisestärke über die Eiercreme sieben, den Eischnee darauf geben und alles unterziehen. Den Teig in die Form füllen und im Ofen (Mitte, Umluft 160°) 15–20 Min. backen. Boden abkühlen lassen.

2 | Quark mit 100 g Preiselbeeren und restlichem Zucker verrühren. 3 Blatt Gelatine einweichen und schmelzen lassen. Die Gelatine unter die Quarkcreme rühren. Die Sahne steif schlagen und unter die Quarkcreme ziehen. Den Biskuitboden quer halbieren. Den unteren Boden wieder in die Form setzen, mit der Hälfte der Creme bestreichen. Den zweiten Boden darauf setzen und die restliche Creme darauf streichen.

3 | 1 Blatt Gelatine in kaltem Wasser einweichen. Die übrigen Preiselbeeren leicht erhitzen, die Gelatine darin auflösen und abkühlen lassen. Die Preiselbeeren auf die Torte streichen und alles mit Folie abgedeckt im Kühlschrank in 2 Std. fest werden lassen.

**1** **Eischnee unter-ziehen**

*Eischnee mit Mehl und Stärke unter die Eigelbcreme ziehen.*

**2** **Gelatine auflösen**

*Gelatine bei schwacher Hitze schmelzen lassen, dabei nicht aufkochen.*

**3** **Preiselbeeren auf-streichen**

*Preiselbeeren aufstreichen, ohne beide Schichten zu vermischen.*

**Spezialität aus den USA**

# Rhabarberpie

FÜR 1 TARTEFORM
VON 28 CM Ø

➤ **250 g Mehl**
  **1 gestrichener TL Salz**
  **120 g eiskalte Butter**
  **3–4 EL Eiswasser**
  **100 g Fruchtzucker**
  **4 EL Speisestärke**
  **3 TL gemahlene Bourbon-vanille (Reformhaus)**
  **500 g Rhabarber**
  **Mehl für die Arbeitsfläche**
  **Butter für die Form**

🕐 Zubereitung: 40 Min.
🕐 Backzeit: 1 Std.
➤ Bei 12 Stück pro Stück ca.:
  200 kcal/27 g KH

1 | Mehl mit Salz mischen. 100 g Butter in kleinen Stücken dazugeben, alles zu kleinen Bröseln verarbeiten. Das Wasser darüber träufeln und rasch mit der Gabel unterarbeiten, bis sich der Teig vom Schüsselrand löst. 30 Min. kalt stellen.

2 | Ofen auf 225° vorheizen. Form einfetten. Zwei Drittel des Teiges ausrollen und die Form mit dem Rand damit auskleiden, kalt stellen. Zucker mit Speisestärke und Vanille mischen. Rhabarber waschen, putzen und in 1 cm breite Stücke schneiden. Rhabarber unter die Zucker-mischung heben, 15 Min. ruhen lassen.

3 | Rhabarbermischung abtropfen lassen, in die Form geben und in der Mitte auf-schichten. 20 g Butter in klei-nen Stücken darauf verteilen. Den restlichen Teig ausrollen und über die Füllung legen. Die Teigränder von Boden und Deckel fest zusammen drücken.

4 | In den Teigdeckel 4 kleine Schlitze schneiden, den Teig mit Wasser bepinseln. Im Ofen (Mitte, Umluft 200°) 15 Min. backen, dann die Ofentemperatur auf 175° (Umluft 180°) herunterschal-ten. Pie weitere 40–45 Min. backen.

**TIPP**

**Kürbispie**

Aus 150 g Mehl, 75 g kalter Butter, 1 TL Fruchtzucker und 2 EL Wasser einen festen Teig kneten, 30 Min. kühl stellen. Ofen auf 180° vorhei-zen. Eine Tarteform einfetten. Den Teig ausrollen, die Form mit dem Rand ausklei-den. Boden einstechen, mit Backpapier und Trockenerbsen belegen und 10 Min. (Mitte, Umluft 160°) backen. 600 g Kürbis (geschält gewogen) grob raspeln. 2 Eier, 2 EL Speisestär-ke, 3 EL Ahornsirup, 100 g Sahne und 1 TL Ingwerpulver verquir-len, mit dem Kürbis mischen. Auf dem Pieboden verteilen, 2 EL Pinienkerne da-rauf streuen. Im Ofen (Mitte) 40 Min. backen.

# Für jeden Tag

Streusel- oder Mohnkuchen, Marmorkuchen und Guglhupf – Kuchen wie man sie seit Kindertagen kennt und liebt – dürfen auch Diabetiker ohne Reue genießen. Und kein Gast wird merken, dass es sich um Diabetiker-Kuchen handelt.

23   Nektarinen-Käsekuchen
23   Streuselkuchen
25   Mohnkuchen mit Kirschen
26   Marmorkuchen mit Ingwer
26   Quark-Guglhupf

29   Stachelbeer-Ricotta-Kuchen
30   Mallorquinischer Mandelkuchen
30   Zucchinikuchen

# Blitzrezepte

## Nektarinen-Käse-kuchen

FÜR 1 FORM VON 28 CM Ø (16 STÜCK)

➤ 6 Nektarinen | 2 TL Zitronensaft | 120 g flüssige Butter | 4 Eier | 40 g Fruchtzucker | 1 TL Süßstoff | 1 kg Schichtkäse | 6 Tropfen Zitronenöl | 130 g Hartweizengrieß | 2 EL Mandelblättchen | Butter für die Form

➤ Pro Stück ca.: 190 kcal/14 g KH

1 | Ofen auf 180° vorheizen. Form fetten. Nektarinen in Spalten schneiden, mit Zitronensaft beträufeln, in die Form legen. Butter, Eier, Zucker, Süßstoff, Schichtkäse, Zitronenöl und Grieß verrühren.

2 | Teig in die Form streichen, Mandeln darüber streuen. Im Ofen (Mitte, Umluft 160°) 1 Std. backen.

## Streuselkuchen

FÜR 1 TARTEFORM VON 28 CM Ø (16 STÜCK)

➤ 300 g Tiefkühl-Hefeteig | 200 g Weizenmehl (Type 1050) | 50 g Fruchtzucker | 100 g kalte Butter | 2 Eigelbe | 1/2 TL Zimtpulver | Butter für die Form

➤ Pro Stück ca.: 160 kcal/20 g KH

1 | Form fetten, Ofen auf 180° vorheizen. Hefeteig auftauen lassen, ausrollen und die Form auslegen, dabei den Rand etwas hochziehen.

2 | Mehl, Zucker, Butter, Eigelbe, 1 EL Wasser und Zimt auf der Arbeitsfläche grob durchhacken. Mit den Händen Brösel formen und auf den Teig geben, im Ofen (unten, Umluft 160°) 20–25 Min. backen.

für Gäste

# Mohnkuchen mit Kirschen

FÜR 1 SPRINGFORM
VON 20 CM Ø

➤ 170 g Kirschen mit Süß-
stoff (aus dem Glas)

130 g Mohn

100 g Mandeln

3 Eier

100 g weiche Butter

60 g Fruchtzucker

1 TL abgeriebene Schale
von 1 unbehandelten
Orange (ersatzweise
6 Tropfen Orangenöl)

20 g Mehl

1 Messerspitze Backpulver

1 Prise Salz

Butter für die Form

🕐 Zubereitung: 35 Min.

🕐 Backzeit: 45–50 Min.

➤ Bei 12 Stück pro Stück ca.:
220 kcal/10 g KH

**1** | Die Kirschen zum Ab-
tropfen in ein Sieb geben.
Den Mohn in der Mohn-
mühle oder im Blitzhacker
fein mahlen. Die Mandeln im
Blitzhacker fein zerkleinern.
Die Eier trennen. Form einfetten, Ofen auf 200° vorheizen.

**2** | Die Butter mit dem
Zucker schaumig rühren.
Zuerst die Orangenschale
und die Eigelbe unterrühren,
dann Mohn und Mandeln.
Mehl und Backpulver mi-
schen, über den Teig sieben
und unterrühren. Die Ei-
weiße mit dem Salz steif
schlagen und mit einem
großen Schneebesen unter
den Teig ziehen.

**3** | Den Teig in die Form
geben, glatt streichen. Die
Kirschen darauf verteilen,
leicht eindrücken. Im Ofen
(Mitte, Umlauft 180°)
45–50 Min. backen. 10 Min.
in der Form abkühlen lassen.
Den Kuchen vorsichtig aus
der Form lösen und auf dem
Kuchengitter vollkommen
abkühlen lassen.

**1** ▸ **Mohn mahlen**
*Den Mohn in einer spe-
ziellen Mohnmühle oder
im Blitzhacker fein
mahlen.*

**2** ▸ **Schaumige Butter**
*Die Butter mit den
Schneebesen des
Mixers weiß-schaumig
schlagen.*

**3** ▸ **Eischnee schlagen**
*Die Eiweiße in einer fett-
freien Schüssel steif
schlagen. Unter den Teig
ziehen, nicht verrühren.*

### fettarm | cholesterinarm

# Marmorkuchen mit Ingwer

FÜR 1 GUGLHUPFFORM
VON 16 CM Ø

- ➤ 200 g Buttermilch
  100 g ungesüßtes Apfel-mark (Reformhaus)
  60 g Fruchtzucker
  1 Ei
  1 TL gemahlene Bourbon-vanille (Reformhaus)
  60 g geschmolzene Butter
  1 1/2 TL gemahlener Ingwer
  220 g Weizenmehl (Type 1050)
  1 TL Backpulver
  1/2 gestrichener TL Natron
  1 EL Kakao, leicht entölt
  1 EL Puderzucker
  Butter und Semmelbrösel für die Form

- 🕐 Zubereitung: 30 Min.
- 🕐 Backzeit: 55–60 Min.
- ➤ Bei 12 Stück pro Stück ca.: 158 kcal/21 g KH

**1** | Ofen auf 175° vorheizen. Form fetten, mit Semmel-bröseln ausstreuen. Butter-milch, Apfelmark, Zucker, Ei, und Vanille verrühren. Butter unterrühren.

**2** | Mehl mit Backpulver und Natron vermischen und unter die Buttermilchmasse ziehen. Die Hälfte des Teiges in die Form füllen. Kakao und Ingwer mit restlichem Teig mischen, in die Form geben. Mit einer Gabel Spiralen durch den Teig ziehen.

**3** | Im Ofen (unten, Umluft 160°) 55 Min. backen. Vor dem Servieren mit Puderzucker bestreuen.

### einfach | preiswert

# Quark-Guglhupf

FÜR 1 GUGLHUPFFORM VON 16 CM Ø

- ➤ 3 Eier (Größe L)
  50 g Fruchtzucker
  1 TL flüssiger Süßstoff
  50 g weiche Butter
  Mark von 1 Vanille-schote
  1 TL Zitronenschale
  500 g Magerquark
  50 g Rumrosinen
  50 g Hartweizengrieß
  70 g gemahlene Mandeln
  2 gestrichene TL Back-pulver
  Butter und Grieß für die Form

- 🕐 Zubereitung: 30 Min.
- 🕐 Backzeit: 50–60 Min.
- ➤ Bei 12 Stück pro Stück ca.: 170 kcal/13 g KH

**1** | Eier trennen. Eigelbe mit Zucker, Süßstoff und Butter dickcremig rühren. Vanille-mark, Zitronenschale, Quark und Rosinen unterrühren. Ofen auf 180° vorheizen. Form fetten, mit Grieß aus-streuen.

**2** | Grieß, Mandeln und Back-pulver auf die Quarkmasse sieben und unterrühren. Ei-weiße steif schlagen, unter den Teig ziehen, in die Form füllen. Im Ofen (Mitte, Um-luft 160°) 50–60 Min. backen.

**3** | Den Kuchen 10 Min. ab-kühlen lassen, mit einem spit-zen Messer am Rand entlang fahren, auf ein Backgitter stürzen und erkalten lassen.

**TIPP** Guglhupf vor dem Servieren leicht mit Puderzucker be-streuen.

braucht etwas Zeit
# Stachelbeer-Ricotta-Kuchen

FÜR 1 SPINGFORM
VON 26 CM Ø
➤ 150 g Mehl (Type 1050)
50 g Fruchtzucker
1 Prise Salz
1 Eigelb
50 g kalte Butter
500 g Stachelbeeren
3 Eier
500 g Ricotta
1 TL flüssiger Süßstoff
2 EL Zitronensaft
Butter für die Form
Backpapier
Trockenerbsen zum Blind-
backen

🕐 Zubereitung: 45 Min.
🕐 Backzeit: 40–50 Min.
➤ Bei 12 Stück pro Stück ca.:
140 kcal/16 g KH

1 | Aus Mehl, Zucker, Salz, Eigelb, Butter und 2–3 TL Wasser einen festen Teig kneten, 20 Min. kühl stellen.

2 | Die Stachelbeeren waschen, Stielchen und Blütenansätze abzupfen. Die Beeren trockentupfen. Ofen auf 180° vorheizen. Form fetten.

3 | Den Teig ausrollen, die Form damit auskleiden. Den Boden mehrmals einstechen. Mit Backpapier belegen, mit Trockenerbsen bestreuen und 15 Min. (Mitte, Umluft 160°) vorbacken. Erbsen und Papier entfernen.

4 | Inzwischen die Eier trennen. Den Ricotta durch ein

Sieb streichen. Zucker, Süßstoff, Zitronensaft sowie das Eigelb unterrühren. Die Eiweiße steif schlagen und unterziehen.

5 | Die Hälfte der Beeren auf dem Boden verteilen. Ricotta darauf geben und glatt streichen. Restliche Beeren gleichmäßig aufstreuen. Im Ofen (Mitte) 40–50 Min. backen.

**TIPPS**

Den abgekühlten Kuchen leicht mit Puderzucker bestreuen und mit Zitronenmelisseblättchen garnieren.

Abgetropfte Stachelbeeren aus dem Glas (mit Süßstoff gesüßt) verwenden.

**1 Teig ausrollen**
*Den Teig zwischen Klarsichtfolie dünn ausrollen.*

**2 Form auskleiden**
*Die Form einschließlich Rand mit Teig auskleiden. Den Boden mehrmals einstechen.*

**3 Blind backen**
*Boden mit Backpapier belegen, mit Trockenerbsen bestreuen und backen.*

schnell | einfach

# Mallorquinischer Mandelkuchen

FÜR 1 SPINGFORM
VON 26 CM Ø

➤ 6 Eier (Größe L)

60 g Fruchtzucker

Mark von 1 Vanilleschote

1 TL Zitronenschale

1 TL Zimtpulver

200 g geschälte, gemahlene Mandeln

1 Prise Salz

1 TL Puderzucker

Butter für die Form

🕐 Zubereitung: 30 Min.

🕐 Backzeit: 50–60 Min.

➤ Bei 12 Stück pro Stück ca.:
165 kcal/7 g KH

1 | Form fetten. Ofen auf 180° vorheizen. Eier trennen. Eigelbe mit Fruchtzucker dickcremig rühren. Vanillemark, Zitronenschale, Zimt und Mandeln untermischen.

2 | Eiweiße mit Salz steif schlagen und unterziehen, Teig in die Form füllen. Im Ofen (Mitte, Umluft 160°) 45–50 Min. backen.

3 | Den Kuchen 10 Min. in der Form abkühlen lassen, dann stürzen. Mit Puderzucker bestreut servieren.

**TIPP** Köstlich schmeckt dazu Vanilleeis, das es auch für Diabetiker gibt.

gelingt leicht

# Zucchinikuchen

FÜR 1 KASTENFORM
VON 25 CM LÄNGE

➤ 200 g Zucchini

50 g Zartbitterschokolade

2 Eier

70 g Fruchtzucker

1 TL gemahlene Bourbonvanille (Reformhaus)

1/2 TL Zimtpulver

1/2 TL Natron

1/2 Päckchen Backpulver

120 g flüssige Butter

70 g gemahlene Haselnüsse

180 g Weizenmehl (Type 1050)

Butter für die Form

Puderzucker und Kakao nach Belieben

🕐 Zubereitung: 40 Min.

🕐 Backzeit: 50–60 Min.

➤ Bei 16 Stück pro Stück ca.:
175 kcal/15 g KH

1 | Zucchini waschen, putzen und fein reiben. Schokolade hacken. Ofen auf 175° vorheizen, Form einfetten.

2 | Eier, Zucker, Vanille, Zimt, Natron und Backpulver schaumig rühren. Butter, Haselnüsse, Schokolade, Mehl und Zucchini untermischen.

3 | Den Teig in die Form geben und im Ofen (Mitte, Umluft 160°) 50–60 Min. backen. 10 Min. in der Form abkühlen lassen, dann auf ein Kuchengitter stürzen. Den abgekühlten Kuchen nach Belieben mit etwas Puderzucker und Kakao bestreuen.

# Die kleinen Süßen

Ein Obsttörtchen, eine ofenwarme Rohrnudel oder Calzone, die italienische Quarktasche, ein Muffin oder eine leckere Schoko-Schnitte zum Kaffee oder Tee und für zwischendurch mag einfach jeder. Die meisten Teilchen sind leicht, manche üppiger, was die Zutaten betrifft. Alle lassen sich einfach zubereiten und bringen Abwechslung auf den Tisch. Dafür lohnt sich schon ein bisschen Arbeit.

33 Holländer Kirschtörtchen
33 Rohrnudeln mit Powidl
34 Windbeutel mit Joghurtsahne
34 Apfel-Muffins

37 Schoko-Mascarpone-Schnitten
38 Frischkäsetörtchen mit Aprikosen
38 Süße Calzone

# Blitzrezepte

## Holländer Kirsch-törtchen

FÜR 8 TÖRTCHEN

➤ 4 Scheiben TK-Blätterteig | 350 g Sauerkirschen mit Süßstoff (aus dem Glas) | 2 EL Speisestärke | 150 g Sahne | 1 EL Puderzucker | Backpapier

➤ Pro Stück ca.: 170 kcal/17 g KH

1 | Ofen auf 200° vorheizen. Teig auftauen, jede Scheibe doppelt so groß ausrollen, dann vierteln. Aufs Blech legen, mehrmals einstechen, 12 Min. backen.

2 | 1/4 l Kirschsaft mit Stärke verrühren, mit Kirschen aufkochen, erkalten lassen. Sahne steif schlagen, auf 8 Teigquadrate einen Rand aufspritzen, Kirschen darauf geben, mit restlichen Quadraten abdecken, mit Puderzucker bestreuen.

## Rohrnudeln mit Powidl

FÜR 12 STÜCK

➤ 450 g Tiefkühl-Hefeteig | 40 g Butter 20 g Zucker | 100 g Diabetiker-Pflaumenmus | 4 EL Milch | Mehl für die Arbeitsfläche

➤ Pro Stück ca.: 155 kcal/24 g KH

1 | Eine Reine mit der Butter fetten (vor allem den Boden), den Zucker darauf streuen. Ofen auf 200° vorheizen. Hefeteig auftauen lassen, in 12 Stücke teilen.

2 | Jedes Stück rund ausrollen, 1 EL Mus in die Mitte geben, den Teig zu einer Kugel schließen. Rohrnudeln mit den Nähten nach unten in die Form setzen, mit Milch einpinseln, 10 Min. gehen lassen. Im Ofen (Mitte, Umluft 180°) 25–30 Min. backen.

**schmeckt frisch am besten**

# Windbeutel mit Joghurtsahne

FÜR 12 STÜCK

➤ 70 g Mehl (Type 405)

1 Prise Salz

30 g Butter

2 Eier (Größe L)

200 g Sahne

1 Messerspitze Vanille-mark

1 EL Fruchtzucker

2 EL Diabetiker-Erdbeer-konfitüre

100 g fester Rahmjoghurt (6 % Fett)

1 EL Puderzucker

Backpapier

🕐 Zubereitung: 50 Min.

🕐 Backzeit: 20–30 Min.

➤ Pro Stück ca.: 120 kcal/ 7 g KH

1 | Blech mit Backpapier belegen. Mehl sieben. 1/8 l Wasser, Salz und Butter auf-kochen. Mehl auf einmal hineinschütten und rühren, bis ein Kloß entsteht und sich ein Mehlfilm am Topfboden zeigt. Den Kloß in eine Schüssel geben.

2 | Die Eier einzeln unter-rühren. Ofen auf 225° vor-heizen. Jeweils 1 gehäuften TL Teig im Abstand von 4 cm auf das Blech setzen, 25–30 Min. (Mitte, Umluft 200°) backen. Sofort mit einer Schere die Deckel abschneiden.

3 | Die Sahne mit Vanille und Zucker steif schlagen. Die Konfitüre durch ein Sieb streichen. Joghurt mit Kon-fitüre verrühren, die Sahne unterziehen. Windbeutel da-mit füllen, Deckel aufsetzen. Mit Puderzucker bestreuen.

**schnell | fettarm**

# Apfel-Muffins

FÜR 1 MUFFINSBLECH

➤ 100 g zarte Haferflocken

50 g Haferkleie

300 g Kefir

1 Apfel

150 g Weizenmehl (Type 1050)

2 TL Backpulver

1 TL Zimtpulver

50 g weiche Butter

50 g Fruchtzucker

1 Ei

3 TL brauner Zucker

Papierförmchen

🕐 Zubereitung: 20 Min.

🕐 Quellzeit: 1 Std.

🕐 Backzeit: 25–30 Min.

➤ Bei 12 Stück pro Stück ca.: 160 kcal/23 g KH

1 | Haferflocken, Haferkleie und Kefir mischen, 1 Std. quellen lassen. Ofen auf 180° vorheizen, in die Mulden des Blechs die Papierförmchen setzen.

2 | Apfel schälen, entkernen und fein reiben. Mehl, Back-pulver und Zimt vermischen. Butter mit Zucker, Apfel und Ei schaumig rühren und die Haferflockenmasse unter-mengen.

3 | Die feuchten Zutaten auf die Mehlmischung geben und rasch unterheben. Teig in die Förmchen füllen, mit brau-nem Zucker bestreuen, im Ofen (Mitte, Umluft 180°) 30 Min. backen. Aus dem Ofen nehmen, 5 Min. im Blech, dann auf dem Kuchen-gitter abkühlen lassen.

für Gäste
# Schoko-Mascarpone-Schnitten

FÜR 4 STÜCK

➤ 3 Eiweiß (Größe L)
1 Eigelb
4 EL Fruchtzucker
40 g Mehl (Type 405)
30 g Speisestärke
2 gestrichene EL Kakao, leicht entölt
250 g Mascarpone
150 g Magerquark
2 Blatt weiße Gelatine
1 EL Mandellikör (ersatzweise Orangensaft)
Backpapier

🕐 Zubereitung: 50 Min.
🕐 Backzeit: 10–12 Min.
➤ Pro Stück ca.:
465 kcal/29 g KH

1 | Den Backofen auf 200° vorheizen. Eine 24 x 24 cm große Backform (oder den entsprechenden Teil eines Backblechs) mit Backpapier belegen.

2 | Eiweiße steif schlagen. Eigelb und 2 EL Zucker zu einer dickschaumigen Creme aufschlagen.

3 | Mehl, Stärke und 1 1/2 EL Kakao vermischen, auf die Creme sieben. Den Eischnee darauf geben und alles gleichmäßig unter die Eicreme ziehen. Masse auf das Backpapier streichen. Im Ofen (Mitte, Umluft 180°) 10–12 Min. backen. Boden auf ein Küchentuch stürzen, das Papier abziehen. Den Boden in 8 Rechtecke schneiden.

4 | Mascarpone mit restlichem Zucker verrühren. Den Quark durch ein Sieb streichen und untermischen. Gelatine in kaltem Wasser einweichen, abtropfen lassen, im Mandellikör schmelzen lassen, unter den Mascarpone rühren.

5 | Drei Viertel der Creme auf die Hälfte der Rechtecke streichen und mit den übrigen bedecken. Darauf die restliche Creme streichen. 30 Min. kühl stellen, mit Kakao bestäubt servieren.

**1 Eischnee unterziehen**

*Mehl mit Stärke, Kakao und Eischnee unter die Eicreme ziehen.*

**2 Teig verstreichen**

*Teig möglichst gleichmäßig auf das mit Backpapier ausgelegte Backblech streichen.*

**3 Boden stürzen**

*Den Boden auf das Küchentuch stürzen, Papier abziehen.*

## fruchtig

# Frischkäse-törtchen mit Aprikosen

FÜR 8 TARTELETT-FÖRMCHEN (10 CM Ø)

➤ 200 g Mehl (Type 1050)
70 g Butter
1 Prise Salz
3 EL Fruchtzucker
16 Aprikosen mit Süßstoff (aus dem Glas)
2–3 Tropfen Rumaroma
200 g fettarmer Frischkäse
1 EL Speisestärke
1 Messerspitze Vanille-mark
50 g Sahne
Butter für die Förmchen

🕒 Zubereitung: 50 Min.
🕒 Kühlzeit: 30 Min.
🕒 Backzeit: 30 Min.
➤ Pro Stück ca.:
240 kcal/27 g KH

1 | Mehl mit Butter, Salz, 1 EL Zucker und 2–3 EL Wasser zu einem festen Teig verkneten. In Folie einwickeln und 30 Min. kühl ruhen lassen.

2 | Förmchen einfetten. Ofen auf 180° (Umluft 160°) vor-heizen. Den Teig achteln, Förmchen damit auskleiden, mehrmals einstechen, im Ofen (Mitte) 10–12 Min. backen.

3 | Die Hälfte der Aprikosen pürieren, mit Rumaroma abschmecken. Die Böden damit bestreichen. Frischkäse mit restlichem Zucker, Stärke und Vanillemark verrühren. Die Sahne steif schlagen und unterziehen. Käse auf das Aprikosenpüree streichen, mit Aprikosenvierteln hübsch belegen, im Ofen (Mitte) 20 Min. backen.

## frisch am besten

# Süße Calzone

FÜR 8 STÜCK

250 g Mehl (Type 1050)
1 Prise Salz
1/2 Würfel Hefe
1 TL Fruchtzucker
1/8 l lauwarme Milch
250 g Magerquark
3 EL Ahornsirup
1 TL Zimtpulver
8 reife Zwetschgen
1 Ei
Mehl für die Arbeitsfläche

🕒 Zubereitung: 50 Min.
🕒 Ruhezeit: 20–30 Min.
🕒 Backzeit: 20 Min.
➤ Pro Stück ca.:
170 kcal/29 g KH

1 | Mehl mit Salz sieben. Hefe, Zucker in der Milch glatt rühren, unter das Mehl rühren und verkneten. Zuge-deckt 20–30 Min. an einem warmen Platz gehen lassen. Ofen auf 200° vorheizen.

2 | Quark, Ahornsirup und Zimt verrühren. Die Zwetschgen waschen, ent-stielen und entsteinen. Teig durchkneten, ausrollen, 8 Kreise von 12–13 cm Durchmesser ausstechen. Auf jeden einen Teil des Quarks und 1 Zwetschge geben.

3 | Das Ei verquirlen, die Teig-ränder damit einpinseln, die Kreise zusammenklappen und die Ränder mit den Zin-ken einer Gabel festdrücken. Die Calzone auf das Blech legen, mit Ei einpinseln und im Ofen (Mitte, Umluft 180°) in 20 Min. goldgelb backen.

# Zum Knabbern

Zum Naschen sind sie unentbehrlich, die kleinen, gebackenen Leckereien. Es ist gut, davon immer etwas im Vorrat zu haben. Dafür findet sich in diesem Kapitel Köstliches mit Nüssen, Mandeln, Schokolade und aromatischen Trockenfrüchten. Gut in Dosen verpackt, bleiben die meisten bis zu vier Wochen haltbar. Sie füllen auch an Weihnachten den süßen Teller.

41  Schokoladenrauten

41  Mandelkugeln

43  Spitzkuchen

44  Zitronensterne

44  Aprikosen-Schnittchen

47  Erdnuss-Schoko-Cookies

47  Cantuccini

48  Nusshörnchen

48  Kokosstangen

# Blitzrezepte

## Schokoladenrauten

FÜR 1 TARTEFORM VON 28 CM Ø
(30 STÜCK)

➤ 100 g Diät-Zartbitterschokolade
125 g Haselnüsse | 100 g weiche Butter
50 g Fruchtzucker | 3 Eier | 60 g Mehl
1/2 EL Kakao | 30 Haselnusskerne
Butter für die Form

➤ Pro Stück ca.: 100 kcal/5 g KH

1 | Ofen auf 160° vorheizen, Form ein-
fetten. Schokolade und Haselnüsse fein
mahlen. Butter und Zucker schaumig
rühren, Eier unterrühren. Mehl, Kakao,
Schokolade und Nüsse unterrühren.

2 | Den Teig in die Form streichen. 4 cm
große Rauten markieren, je mit 1 Hasel-
nuss verzieren. Im Ofen (Mitte, Umluft
150°) 35 Min. backen, in Rauten schneiden.

## Mandelkugeln

FÜR 30 STÜCK

➤ 250 g gemahlene Mandeln | 100 g
Fruchtzucker | 1 EL Mehl | 3 Eigelbe
1 Prise Salz | 1 TL abgeriebene Zitro-
nenschale | 1/2 TL Zimtpulver | 10 g
Pinienkerne | Backpapier

➤ Pro Stück ca.: 70 kcal/5 g KH

1 | Ofen auf 180° vorheizen, Backblech mit
Backpapier auslegen. Mandeln, Zucker,
Mehl, Eigelbe, Salz, Zitronenschale und
Zimt verkneten.

2 | Den Teig mit feuchten Händen zu
30 walnussgroßen Kugeln formen. Kugeln
aufs Blech setzen, in jede 1–2 Pinienkerne
stecken, im Ofen (Mitte, Umluft 160°) in
15–20 Min. goldbraun backen.

für Festtage
# Spitzkuchen

**FÜR 28 STÜCK**

➤ 4 EL Honig

2 EL Sonnenblumenöl

1 Ei

1 1/2 TL Lebkuchengewürz

1 TL abgeriebene Schale 1 unbehandelten Orange

4 EL Orangensaft

250 g Mehl (Type 1050)

1 EL Kakao

1 TL Backpulver

50 g gehackte Mandeln

20 g Zartbitterschokolade (70% Kakaoanteil)

Mehl für die Arbeitsfläche

Backpapier

🕐 Zubereitung: 50 Min.

🕐 Backzeit: 20–25 Min.

➤ Pro Stück ca.: 60 kcal/8 g KH

**1 |** Honig und Öl in einem kleinen Topf langsam erwärmen, in eine Schüssel geben. Unter die warme Masse Ei, Gewürzmischung, Orangenschale und Orangensaft rühren. Mehl und Kakao mit Backpulver vermischen, auf die Honigmischung sieben, unterrühren und unterkneten.

**2 |** Auf einer bemehlten Fläche den Teig durchkneten, auseinander ziehen und die Mandeln unterarbeiten. Teig halbieren, die Hälften zu 32 cm langen Rollen von 2,5–3 cm Durchmesser formen und 20 Min. kühl stellen.

**3 |** Ofen auf 180° vorheizen. Das Blech mit Backpapier auslegen. Die Rollen auf das Blech legen und leicht flach drücken.

**4 |** Im Ofen (Mitte, Umluft 160°) 20–25 Min. backen, abkühlen lassen. Jede Rolle in 14 Dreiecke schneiden. Die Schokolade im Wasserbad schmelzen, die noch warmen Spitzkuchen damit einpinseln und trocknen lassen.

**TIPP** Die Spitzkuchen in einer Dose aufbewahren, damit sie nicht austrocknen und ihr Aroma behalten.

**1 Mandeln einarbeiten**

*Teig auseinander ziehen, Mandeln aufstreuen und unterarbeiten.*

**2 Rollen formen**

*Den Teig halbieren und zu 2,5–3 cm dicken Rollen formen, auf das Blech legen.*

**3 Verzieren**

*Die gebackenen Rollen in Dreiecke schneiden und mit Schokolade einpinseln.*

machen was her

# Zitronensterne

FÜR 50 STÜCK

- ➤ 3 unbehandelte Zitronen
  120 g Mehl
  1/2 TL Backpulver
  50 g Fruchtzucker
  1 Prise Salz
  60 g Butter
  2 Eigelb
  1 Tropfen flüssiger Süßstoff
  50 g gehackte Pistazien-
  kerne
  Mehl für die Arbeitsfläche

- ◷ Zubereitung: 50 Min.
- ◷ Ruhezeit: 2 Std.
- ◷ Backzeit: 8–10 Min. pro
  Blech
- ➤ Pro Stück ca.:
  30 kcal/3 g KH

1 | Zitronen heiß abwaschen, abtrocknen und die Schale fein abreiben. Die Schale 1 Zitrone beiseite stellen.

2 | Mehl, Backpulver, Zucker, Salz und Zitronenschale vermengen, Butter in Stückchen sowie 1 Eigelb und 1–2 EL Wasser dazugeben. Zu einem glatten Teig verkneten, 2 Std. kalt stellen.

3 | Ofen auf 180° (Umluft 160°) vorheizen, Backbleche mit Backpapier auslegen. Den Teig auf der bemehlten Arbeitsfläche 3 mm dünn ausrollen, Sterne ausstechen und mit 1 cm Abstand auf die Bleche legen. Übriges Eigelb mit 2 TL Wasser, Süßstoff und übriger Zitronenschale verrühren, Plätzchen damit bestreichen und mit Pistazien bestreuen. Die Plätzchen blechweise im Ofen (Mitte) 8–10 Min. backen.

gelingt leicht | fruchtig

# Aprikosen-Schnittchen

FÜR 30 STÜCK

- ➤ 75 g ungeschwefelte
  getrocknete Aprikosen
  (Reformhaus)
  30 g Honig
  40 g weiche Butter
  1 Msp. gemahlener
  Piment
  30 g Sesamsamen
  2 Eier
  125 g Dinkelmehl
  30 g Zartbitterschokolade
  Mehl für die Arbeitsfläche
  Backpapier

- ◷ Zubereitung: 30 Min.
- ◷ Backzeit: 20–25 Min.
- ➤ Pro Stück ca.:
  50 kcal/5 g KH

1 | Ofen auf 180° vorheizen. Backblech mit Backpapier auslegen. Aprikosen hacken, mit Honig, Butter, Piment, Sesamsamen und Eiern vermischen.

2 | Nach und nach mit dem Mehl verkneten. Den Teig auf der leicht bemehlten Fläche 1/2 cm dick ausrollen. In 3 x 6 cm große Schnittchen schneiden, auf das Blech legen. Im Ofen (Mitte, Umluft 160°) 20–25 Min. backen, bis sich die Schnittchen leicht bräunen.

3 | Die Schokolade im Wasserbad schmelzen und mit einem schmalen Pinsel auf jedem Schnittchen einen Schokoladenstreifen ziehen. Auskühlen lassen.

**Klassiker auf neue Art**

# Erdnuss-Schoko-Cookies

FÜR 60 STÜCK

➤ 70 g Diät-Zartbitter-schokolade

100 g weiche Butter

150 g feine Erdnusscreme

1 Prise Salz

60 g Fruchtzucker

1 TL flüssiger Süßstoff

1 TL Zimtpulver

2 Eier

300 g Weizenmehl (Type 1050)

1 TL Backpulver

200 g ungesalzene Erdnusskerne

Backpapier

🕐 Zubereitung: 45 Min.

🕐 Backzeit: 15–18 Min. pro Blech

➤ Pro Stück ca.: 80 kcal/6 g KH

1│Ofen auf 180° (Umluft 160°) vorheizen, Backbleche mit Backpapier auslegen. Schokolade grob hacken. Butter, Erdnusscreme, Salz, Zucker und Süßstoff schaumig schlagen. Zimt und Eier dazugeben und rühren, bis sich der Zucker aufgelöst hat.

2│Mehl und Backpulver über den Teig sieben und unter-kneten. Erdnusskerne und Schokoladestückchen unter-arbeiten.

3│Walnussgroße Kugeln for-men, mit etwa 3 cm Abstand auf die Bleche setzen, Kugeln flach drücken und im Ofen (Mitte) in 15–18 Min. gold-braun backen.

**Spezialität aus Italien**

# Cantuccini

FÜR ETWA 70 STÜCK

➤ 250 g Weizenmehl (Type 1050)

1 TL Backpulver

100 g Fruchtzucker

1 Päckchen Vanillezucker

1 Prise Salz

15 Tropfen Bittermandel-aroma

50 g Butter

2 Eier

3 EL Milch

200 g ungeschälte Mandeln

🕐 Zubereitung: 30 Min.

🕐 Backzeit: 30–40 Min.

➤ Pro Stück ca.: 40 kcal/4 g KH

1│Ofen auf 200° vorheizen, Backblech mit Backpapier auslegen. Mehl, Backpulver, Zucker, Vanillezucker, Salz, Bittermandelaroma, die But-ter in Stückchen, Eier, Milch und Mandeln zu einem festen Teig verkneten.

2│Den Teig halbieren, mit gut angefeuchteten Händen zu 50 cm langen Rollen for-men, mit 5 cm Abstand dia-gonal auf das Blech legen, Oberflächen mit feuchten Fingern glatt streichen.

3│Im Ofen (Mitte, Um-luft 180°) 25–30 Min. gold-braun backen, leicht ab-kühlen lassen. Schräg in 1 cm dicke Scheiben schnei-den, aufs Backblech legen und 5–10 Min. backen, bis die Schnittflächen Farbe an-nehmen.

**gelingt leicht**

# Nusshörnchen

FÜR 30 STÜCK

➤ 60 g gemahlene Hasel-
nüsse

125 g Weizenmehl
(Type 405)

1 Messerspitze Backpulver

50 g Fruchtzucker

Mark von 1 Vanilleschote

2 Eigelb (Größe L)

70 g kalte Butter

30 g Zartbitterschokolade
(70 % Kakaoanteil)

🕐 Zubereitung: 40 Min.
🕐 Ruhezeit: 20 Min.
🕐 Backzeit: 12–15 Min.
➤ Pro Stück ca.:
60 kcal/5 g KH

1 | Haselnüsse ohne Fett leicht anrösten, erkalten lassen. Mehl, Backpulver, Zucker, Vanillemark, Eigelb, Butter und Haselnüsse zu einem festen Teig verkneten, in Folie gewickelt bei Zimmertemperatur 20 Min. ruhen lassen.

2 | Ofen auf 180° (Umluft 160°) vorheizen. Backblech mit Backpapier auslegen. Teig zu einer etwa 3 cm dicken Rolle formen, in 1 1/2 cm dicke Scheiben schneiden, diese zu Hörnchen formen.

3 | Im Ofen (Mitte) in 12–14 Min. goldbraun backen. Schokolade im Wasserbad schmelzen, in einen Gefrierbeutel geben, eine kleine Ecke abschneiden und auf jedes Hörnchen ein Muster aufspritzen.

**exotisch**

# Kokosstangen

FÜR 30 STÜCK

➤ 1 Ei (Größe L)

75 g Mehl (Type 405)

1 EL Zucker

1 Prise Salz

50 g Butter

3 EL Diabetiker-Orangen-
konfitüre

2–3 Tropfen Rumaroma

2 EL Honig

150 g Kokosraspeln

Mehl für die Arbeitsfläche

🕐 Zubereitung: 45 Min.
🕐 Ruhezeit: 15 Min.
🕐 Backzeit: 25–30 Min.
➤ Pro Stück ca.:
60 kcal/4 g KH

1 | Ei trennen. Mehl, Zucker, Salz, Eigelb, 25 g Butter und 2–3 TL Wasser zu einem festen Teig verkneten, in Folie 15 Min. ruhen lassen.

2 | Ofen auf 180° vorheizen. Blech mit Backpapier auslegen. Teig auf bemehlter Fläche ausrollen. Konfitüre und Rumaroma verrühren, Teig damit bestreichen.

3 | 25 g Butter, Honig und 2 EL Wasser unter Rühren erwärmen, Kokosraspeln unterrühren, leicht abkühlen lassen, gleichmäßig auf die Konfitüre geben, mit einem Löffel glätten und festdrücken.

4 | Den Teig in 2,5 x 7 cm lange Streifchen schneiden, auf das Blech legen und im Ofen (Mitte, Umluft 160°) in 25–30 Min. goldgelb backen.

# Die kleinen Herzhaften

Für den Snack, zum Picknick, für herzhaftes Naschen mit Freunden bei einem Glas Wein, dafür finden sich in diesem Kapitel tolle Back-Ideen. Wie die Olivenkugeln, die Schweinsöhrchen, die superschnell zubereitet sind und auf Vorrat gebacken werden können. Dazu kleine Gemüsequiches, Strudel-Päckchen mit Mangold und knusprige Filloteigröllchen mit Frühlingszwiebeln, die frisch zubereitet am besten schmecken.

51   Olivenkugeln
51   Schweinsöhrchen
53   Kleine Gemüsequiches
54   Käsetaler
54   Kräutergrissini

57   Strudelpäckchen mit Mangold
58   Curry-Gemüse-Scones
58   Frühlingszwiebelröllchen

# Blitzrezepte

## Olivenkugeln

FÜR 25 STÜCK

➤ 75 g Mehl | 125 g geriebener Emmentaler | 60 g kalte Butter | 1 Prise Cayennepfeffer | 1 TL italienische Kräutermischung | 100 g gefüllte Oliven

➤ Pro Stück ca.: 50 kcal/2 g KH

1 | Mehl, Käse, gewürfelte Butter mit den Würzzutaten zu einem glatten Teig verkneten. Zu einer 2,5 cm dicken Rolle formen. Den Backofen auf 220° vorheizen. Ein Backblech mit Backpapier auslegen.

2 | Die Rolle in 1,5 cm dicke Scheiben schneiden, auf jede Scheibe 1 Olive legen, den Teig darüber schließen, zur Kugel formen. Im Ofen (Mitte, Umluft 200°) in 16–18 Min. goldgelb backen.

## Schweinsöhrchen

FÜR 40 STÜCK

➤ 300 g TK-Blätterteig | 1 Eigelb | 50 g gehackter Parmaschinken | 2 EL gehackte Petersilie | 100 g geriebener alter Gouda | Mehl für die Arbeitsfläche

➤ Pro Stück ca.: 40 kcal/3 g KH

1 | Teig auftauen, aufeinander zu einem Rechteck von 20 x 40 cm ausrollen. Mit Eigelb einpinseln. Schinken, Petersilie und Käse darauf verteilen. Längsseiten zur Mitte einrollen, leicht andrücken. Teig in Folie gewickelt 20 Min. ins Tiefkühlfach legen.

2 | Ofen auf 220° (Umluft 200°) vorheizen. Bleche mit Backpapier auslegen. Rolle in 1/2 cm dicke Scheiben schneiden, 10–12 Min. in der Ofenmitte backen.

51

gut vorzubereiten
# Kleine Gemüsequiches

FÜR 6 TARTELETT-
FÖRMCHEN VON 10 CM Ø

➤ 150 g Mehl
   Salz
   70 g Butter
   1 Eigelb
   300 g Kohlrabi
   300 g Stangensellerie
   1 Bund glatte Petersilie
   3 Zweige Thymian
   Pfeffer, frisch gemahlen
   2 Eier
   100 g Mascarpone
   1/2 TL Speisestärke
   1 EL Zitronensaft
   5 EL Milch
   3 EL Sesamsamen
   Backpapier und Trockenerbsen zum Blindbacken
   Mehl für die Arbeitsfläche
   Butter für die Form

🕐 Zubereitung: 45 Min.
🕐 Backzeit: 30 Min.
➤ Pro Stück ca.:
   350 kcal/22 g KH

1 | Das Mehl mit 1 Prise Salz, 50 g Butter in Stückchen, dem Eigelb und 2 EL Wasser verkneten, 30 Min. kalt stellen.

2 | Kohlrabi schälen, Selleriestangen waschen und putzen, beides grob raspeln. Kräuter waschen und fein hacken.

3 | Restliche Butter erhitzen, das Gemüse darin 5 Min. unter Rühren dünsten. Mit Salz und Pfeffer würzen, die Kräuter unterrühren und alles abkühlen lassen.

4 | Ofen auf 225° vorheizen, Förmchen mit Butter einfetten. Den Teig ausrollen und die Förmchen damit auslegen. Böden mehrmals einstechen, mit Backpapier und Trockenerbsen belegen. Im Ofen (Mitte, Umluft 200°) 10 Min. backen. Erbsen und Papier entfernen.

5 | Das Gemüse auf den Teigböden verteilen. Eier mit Mascarpone, Speisestärke, Zitronensaft und Milch verrühren, mit Salz und Pfeffer würzen und auf dem Gemüse verteilen. Sesam darauf streuen. Im Ofen (Mitte) 20 Min. backen, 5 Min. abkühlen lassen und vorsichtig aus den Förmchen lösen.

**1 ▶ Teig ausrollen**
*Teig in 6 Portionen teilen, ausrollen, in die Förmchen legen, mit den Händen zurecht formen.*

**2 ▶ Blind backen**
*Backpapier zerknüllen, in die Förmchen legen und mit den Erbsen beschweren.*

**3 ▶ Quiche füllen**
*Tarteletts mit der Gemüsemasse füllen, glatt streichen, mit dem Sesam bestreuen.*

**fürs Buffet**

# Käsetaler

FÜR 50 STÜCK

➤ 100 g mittelalter Gouda
50 g Parmesan
50 g Mohn
250 g Weizenmehl
(Type 1050)
1 TL Salz
1/2 TL Backpulver
150 g Magerquark
50 ml Milch
3 EL Distelöl
Mehl für die Arbeitsfläche
Backpapier

🕐 Zubereitung: 30 Min.
🕐 Backzeit: 15–20 Min.
pro Blech
➤ Pro Stück ca.:
40 kcal/4 g KH

1 | Gouda und Parmesan entrinden und im Blitzhacker fein zerkleinern. Die Hälfte des Mohns im Blitzhacker ebenfalls fein zerkleinern. Den Ofen auf 200° vorheizen, Backbleche mit Backpapier auslegen.

2 | Käse, Mohn, Mehl, Salz, Backpulver, Quark, Milch und Öl verkneten.

3 | Den Teig zu 2 je 6 cm dicken Rollen formen. Den restlichen Mohn auf die Arbeitsfläche streuen und die Teigrollen darin wälzen, Mohn gut andrücken. Die Rollen in 1 cm dicke Scheiben schneiden. Die Taler mit 2 cm Abstand auf die Bleche legen. Im Ofen (Mitte) je Blech in 15–20 Min. goldbraun backen.

**Spezialität aus Italien**

# Kräutergrissini

FÜR 60 STÜCK

➤ 1/2 Würfel Hefe
400 g Weizenmehl
(Type 1050)
1 TL Salz
50 ml Olivenöl
2 TL getrockneter Oregano
je 2 TL gehackter frischer
Thymian und Majoran
(ersatzweise getrocknet)
Mehl für die Arbeitsfläche
Backpapier

🕐 Zubereitung: 1 Std.
🕐 Ruhezeit: 1 Std. 30 Min.
🕐 Backzeit: 11–12 Min. pro
Blech
➤ Pro Stück ca.:
30 kcal/4 g KH

1 | Die Hefe in 220 ml lauwarmem Wasser auflösen, mit Mehl, Salz und Öl zu einem klebrigen Teig verarbeiten. Die Kräuter unterkneten. Den Teig 40 Min. gehen lassen.

2 | Den Teig 10 Min. kräftig kneten und schlagen, weitere 40 Min. gehen lassen. Ofen auf 250° (Umluft 200°) vorheizen, Backbleche mit Backpapier auslegen.

3 | Den Teig vierteln, jedes Viertel in 15 Stücke teilen. Jedes Stück auf der leicht bemehlten Arbeitsfläche zu einem 25 cm langen, dünnen Grissino formen. Grissini mit 1 cm Abstand auf das Blech legen, 10 Min. gehen lassen. Im Ofen (Mitte) in 11–12 Min. goldbraun backen.

raffiniert
# Strudelpäckchen mit Mangold

FÜR 4 STÜCK
- ➤ 150 g Mehl (Type 405)
  Salz
  3 EL Olivenöl
  1/2 TL Weißweinessig
  600 g Mangold
  2 Frühlingszwiebeln
  4 getrocknete Tomaten in Öl
  Pfeffer, frisch gemahlen
  50 g Feta-Schafskäse
  1 Ei
  Mehl für die Arbeitsfläche
  Backpapier

- 🕐 Zubereitung: 45 Min.
- 🕐 Ruhezeit: 30 Min.
- 🕐 Backzeit: 20 Min.
- ➤ Pro Stück ca.:
  280 kcal/31 g KH

1 | Mehl mit 1 Prise Salz in eine Schüssel sieben, eine Vertiefung eindrücken. 2 EL Öl, Essig und 75 ml lauwarmes Wasser hineingeben und zu einem elastischen Teig verkneten. Zur Kugel formen, in Folie einwickeln und 30 Min. bei Raumtemperatur ruhen lassen.

2 | Mangold putzen und waschen, in schmale Streifen schneiden. Die Zwiebeln putzen, waschen und mit Grün in Ringe schneiden. Die Tomaten abtropfen lassen und hacken.

3 | 1 EL Öl in der Pfanne erhitzen und die Zwiebeln glasig braten. Den Mangold unterrühren und zugedeckt 6–8 Min. dünsten. Ohne Deckel dünsten, bis die Flüssigkeit verdampft ist. Beiseite stellen, die Tomaten unterrühren, mit Salz und Pfeffer würzen.

4 | Den Käse mit der Gabel zerbröckeln. Den Backofen auf 200° vorheizen. Das Blech mit Backpapier auslegen. Ein Küchentuch ausbreiten, leicht mit Mehl bestreuen. Den Teig darauf ausrollen, über die Handrücken hauchdünn rechteckig ausziehen. Mit der Schere in 4 Rechtecke schneiden. Das Ei mit 1 TL Öl verquirlen und die Rechtecke damit einpinseln.

5 | Auf jede Schmalseite der Rechtecke mit 3 cm Abstand zum Rand einen Teil Gemüse und Käse geben. Den Rand über das Gemüse legen und zu einem Strudelpäckchen aufrollen. Die Enden unter den Strudeln einschlagen.

6 | Die Oberfläche mit der Gabel zwei- bis dreimal einstechen, Strudel mit Ei einpinseln, auf das Blech legen. Im Ofen (Mitte, Umluft 180°) 20 Min. backen.

**TIPP** Die Strudelpäckchen schmecken ebenfalls lecker mit gedünstetem Apfel-Weißkohl oder mit Spinat, Käse und Pinienkernen gefüllt.

**fürs Buffet**

# Curry-Gemüse-Scones

## FÜR 12 STÜCK

➤ 150 g Möhren
100 g mittelalter Gouda
50 g Butter
200 g Weizenmehl (Type 1050)
1 TL Backpulver
100 g kernige Haferflocken
1/2 TL Salz
1 TL mildes Currypulver
150 g Buttermilch
3 EL Milch
Mehl für die Arbeitsfläche
Backpapier

🕓 Zubereitung: 20 Min.
🕓 Backzeit: 20 Min.
➤ Pro Stück ca.:
155 kcal/17 g KH

1 | Möhren schälen und waschen. Möhren und Käse fein reiben. Die Butter in Stückchen schneiden.

2 | Möhren, Käse, Butter, Mehl, Backpulver, 80 g Haferflocken, Salz und Curry verkneten. Nach und nach die Buttermilch unterkneten, bis ein geschmeidiger Teig ent-

steht. Ofen auf 200° vorheizen, Backblech mit Backpapier auslegen.

3 | Die Arbeitsplatte mit Mehl und mit den restlichen Haferflocken bestreuen. Teig 2 cm dick ausrollen und 12 Kreise von 7 cm Durchmesser ausstechen, Scones mit Milch bestreichen und im Ofen (Mitte, Umluft 180°) in 20 Min. goldgelb backen.

**für Gäste**

# Frühlings-zwiebelröllchen

## FÜR 8 STÜCK

➤ 8 Frühlingszwiebeln
1 Bund Dill
Salz | Pfeffer
4 Filloteigblätter (aus dem griechischen oder türkischen Lebensmittelladen)
100 ml Olivenöl
2 EL Sesamsamen
Backpapier

🕓 Zubereitung: 30 Min.
🕓 Backzeit: 25–30 Min.
➤ Pro Stück ca.:
120 kcal/6 g KH

1 | Zwiebeln waschen, putzen, das Grün abschneiden, dabei alle Zwiebeln auf eine Länge von etwa 12 cm schneiden. Das Grün hacken, Dill waschen, hacken und dazugeben, 1/2 TL Salz und Pfeffer untermischen. Ofen auf 180° vorheizen. Blech mit Backpapier auslegen.

2 | 4 Filloteigblätter kreuz und quer in gleichgroße Viertel schneiden, alle mit Olivenöl einpinseln und immer zwei exakt aufeinander legen. Etwas Zwiebelgrün längs als Streifen in die Mitte streuen, oben und unten einen 2,5 cm breiten Rand nach innen falten. 1 Frühlingszwiebel an die Seite legen und einrollen.

3 | Restliche Zwiebeln ebenso in Teig einrollen, auf das Blech legen, mit Öl einpinseln, mit Sesam bestreuen. Im Ofen (Mitte, Umluft 160°) 25–30 Min. backen. Heiß servieren.

**TIPP** Zum Dippen 1 Becher Joghurt mit 1 EL Zitronensaft, Salz und zerdrücktem Knoblauch verrühren.

## Zum Gebrauch

Damit Sie Rezepte mit bestimm-
ten Zutaten noch schneller finden können, stehen in diesem
Register zusätzlich auch beliebte
Zutaten wie Mandeln oder Quark
– ebenfalls alphabetisch geordnet
und halbfett gedruckt – über den
entsprechenden Rezepten.

### A

Ahornsirup: Süße Calzone 38
**Äpfel**
  Apfelmuffins 34
  Apfeltarte 16
  Tarte Tatin 13
**Aprikosen**
  Aprikosen-Schnittchen 44
  Frischkäsetörtchen mit
  Aprikosen 38

### B

Backpapier (Theorie) 8
Beerentarte mit Joghurtcreme 15
**Biskuitteig**
  Grundrezept 10
  Käsesahnetorte mit
  Preiselbeeren 19
  Schoko-Mascarpone-
  Schnitten 37
**Blätterteig**
  Holländer Kirschtörtchen 33
  Schweinsöhrchen 51
  Tiefkühl-Blätterteig 6
Blindbacken (Theorie) 8
**Brandteig**
  Grundrezept 11
  Windbeutel mit Joghurt-
  sahne 34

**Buttermilch**
  Curry-Gemüse-Scones 58
  Marmorkuchen mit Ingwer 26

### C/D

Cantuccini 47
Curry-Gemüse-Scones 58
Dinkelmehl: Aprikosen-
  Schnittchen 44

### E/F

Einfrieren (Theorie) 7
Erdnuss-Schoko-Cookies 47
Filloteig (Theorie) 6
Filloteig: Frühlingszwiebel-
  röllchen 58
Frischkäsetörtchen mit
  Aprikosen 38
Frühlingszwiebelröllchen 58

### G/H

Garprobe (Theorie) 8
Guglhupf: Quark-Guglhupf 26
**Haferflocken**
  Apfelmuffins 34
  Curry-Gemüse-Scones 58
**Hefeteig**
  Grundrezept 10
  Kräutergrissini 54
  Rohrnudeln mit Powidl 33
  Streuselkuchen 23
  Süße Calzone 38
  Tiefkühl-Hefeteig (Theorie) 6
Himbeeren: Torte Linzer Art 13
Holländer Kirschtörtchen 33
**Honig**
  Aprikosen-Schnittchen 44
  Kokosstangen 48
  Spitzkuchen 43

### I/J

Ingwer: Marmorkuchen mit
  Ingwer 26
**Joghurt**
  Beerentarte mit Joghurt-
  creme 15
  Joghurtcreme 4
  Windbeutel mit Joghurt-
  sahne 34

### K

Käsekuchen: Nektarinen-
  Käsekuchen 23
Käsesahnetorte mit
  Preiselbeeren 19
Käsetaler 54
Kefir: Apfelmuffins 34
**Kirschen**
  Holländer Kirschtörtchen 33
  Mohnkuchen mit Kirschen 25
Kleine Gemüsequiches 53
Kokosstangen 48
Kräutergrissini 54
Kürbispie (Variante) 20

### M

Mallorquinischer Mandel-
  kuchen 30
Mandelkugeln 41
**Mandeln**
  Cantuccini 47
  Mallorquinischer Mandel-
  kuchen 30
  Mohnkuchen mit Kirschen 25
  Quark-Guglhupf 26
  Spitzkuchen 43
  Torte Linzer Art 13
Mangold: Strudelpäckchen mit
  Mangold 57
Marmorkuchen mit Ingwer 26

**Mascarpone**
Kleine Gemüsequiches 53
Schoko-Mascarpone-
Schnitten 37
Mohnkuchen mit Kirschen 25
**Mürbeteig**
Apfeltarte 16
Aprikosen-Schnittchen 44
Beerentarte mit Joghurt-
creme 15
Cantuccini 47
Curry-Gemüse-Scones 58
Frischkäsetörtchen mit
Aprikosen 38
Grundrezept 10
Kleine Gemüsequiches 53
Kokosstangen 48
Kürbispie (Variante) 20
Mandelkugeln 41
Nusshörnchen 48
Olivenkugeln 51
Rhabarberpie 20
Stachelbeer-Ricotta-
Kuchen 29
Tarte Tatin 13
Torte Linzer Art 13
Walnusstarte 16
Zitronensterne 44
**Muffins**
Muffins: Apfel-Muffins 34
Grundrezept 11

**N/O**
Nektarinen-Käsekuchen 23
**Nüsse**
Nusshörnchen 48
Schokoladenrauten 41
Zucchinikuchen 30
Olivenkugeln 51

**P**
Pflaumenmus: Rohrnudeln
mit Powidl 33
Preiselbeeren: Käsesahnetorte
mit Preiselbeeren 19

**Q**
**Quark**
Käsesahnetorte mit Preisel-
beeren 19
Käsetaler 54
Quarkcreme 4
Quark-Guglhupf 26
Schoko-Mascarpone-
Schnitten 37
Süße Calzone 38
**Quark-Öl-Teig**
Grundrezept 10
Käsetaler 54
Quiche: Kleine Gemüse-
quiches 53

**R**
Rhabarberpie 20
Ricotta: Stachelbeer-Ricotta-
Kuchen 29
Rohrnudeln mit Powidl 33
Rosinen: Quark-Guglhupf 26
Rührteig (Grundrezept) 11
**Rührteig**
Erdnuss-Schoko-Cookies 47
Grundrezept 11
Mallorquinischer Mandel-
kuchen 30
Marmorkuchen mit
Ingwer 26
Mohnkuchen mit Kirschen 25
Quark-Guglhupf 26
Schokoladenrauten 41
Zucchinikuchen 30

**S/T**
**Sahne**
Frischkäsetörtchen mit
Aprikosen 38
Holländer Kirschtörtchen 33
Käsesahnetorte mit Preisel-
beeren 19
Sahnecreme 4
Windbeutel mit Joghurt-
sahne 34
Schinken: Schweinsöhrchen 51
**Schokolade**
Aprikosen-Schnittchen 44
Erdnuss-Schoko-Cookies 47
Nusshörnchen 48
Spitzkuchen 43
Zucchinikuchen 30
Schokoladenrauten 41
Schoko-Mascarpone-
Schnitten 37
Schweinsöhrchen 51
Spitzkuchen 43
Stachelbeer-Ricotta-Kuchen 29
Streuselkuchen 23
**Strudelteig**
Grundrezept 11
Strudelteig (Theorie) 6
Strudelpäckchen mit
Mangold 57
Süße Calzone 38
Tarte Tatin 13
Torte Linzer Art 13

**W/Z**
Walnusstarte 16
Windbeutel mit Joghurtsahne 34
Zitronensterne 44
Zucchinikuchen 30
Zucker-Ersatz (Theorie) 4
Zwetschgen: Süße Calzone 38

## Die Autoren

Die Journalistin und Kochbuchautorin **Erika Casparek-Türkkan** befasst sich seit vielen Jahren mit Themen rund um Gesundheit und Fitness. Sie leitete in der Redaktion einer Gesundheitszeitschrift mehrere Jahre das Ressort Ernährung. Einer ihrer Schwerpunkte ist die Entwicklung von gesunden, diabetesgerechten und dennoch genussvollen Rezepten.

**Petra Casparek** lebt als freie Journalistin und Kochbuchautorin in München. Seit mehr als 15 Jahren schreibt sie Reportagen und Kochbücher. Ihr Spezialgebiet ist die gesunde, fettarme Ernährung und die moderne Wellness-Küche.

## Der Fotograf

**Michael Brauner**
Nach Abschlus der Fotoschule in Berlin arbeitete er als Fotoassistent bei namhaften Fotografen in Frankreich und Deutschland und machte sich 1984 selbstständig. Sein individueller, atmosphärereicher Stil wird überall geschätzt: in der Werbung ebenso wie bei vielen bekannten Verlagen.

## Bildnachweis

Michael Brauner, Karlsruhe

© 2002 Gräfe und Unzer Verlag GmbH, München

Alle Rechte vorbehalten. Nachdruck, auch auszugsweise, sowie Verbreitung durch Film, Funk, Fernsehen und Internet durch fotomechanische Wiedergabe, Tonträger und Datenverarbeitungssysteme jeglicher Art nur mit schriftlicher Genehmigung des Verlages.

Redaktionsleitung:
Birgit Rademacker
Redaktion:
Stefanie Poziombka
Lektorat: Bettina Bartz
Korrektorat: Hildegard Toma
Satz und Herstellung:
Verlagssatz Lingner
Layout, Typografie und Umschlaggestaltung:
Independent Medien Design, München
Herstellung:
Helmut Giersberg
Reproduktion:
Repro Schmidt, Dornbirn
Druck und Bindung:
Druckhaus Kaufmann, Lahr

ISBN 3-7742-5448-6

| Auflage | 5. | 4. | 3. | 2. | 1. |
|---|---|---|---|---|---|
| Jahr | 2006 | 05 | 04 | 03 | 02 |

GRÄFE
UND
UNZER

*Ein Unternehmen der*
GANSKE VERLAGSGRUPPE

## Das Original mit Garantie

Ihre Meinung ist uns wichtig. Deshalb möchten wir Ihre Kritik, gerne aber auch Ihr Lob erfahren. Um als führender Ratgeberverlag für Sie noch besser zu werden. Darum: Schreiben Sie uns! Wir freuen uns auf Ihre Post und wünschen Ihnen viel Spaß mit Ihrem GU-Ratgeber.

Unsere Garantie: Sollte ein GU-Ratgeber einmal einen Fehler enthalten, schicken Sie uns das Buch mit einem kleinen Hinweis und der Quittung innerhalb von sechs Monaten nach dem Kauf zurück. Wir tauschen Ihnen den GU-Ratgeber gegen einen anderen zum gleichen oder ähnlichen Thema um.

Ihr Gräfe und Unzer Verlag
Redaktion Kochen
Postfach 86 03 25
81630 München
Fax: 089/41981-113
e-mail: leserservice@
graefe-und-unzer.de

# GU KÜCHENRATGEBER

## *Neue Rezepte für den großen Kochspaß*

ISBN 3-7742-4893-1

ISBN 3-7742-4881-8

ISBN 3-7742-4908-3

ISBN 3-7742-5460-5

ISBN 3-7742-4885-0

ISBN 3-7742-5462-1

*64 Seiten, 6,90 € [D]*

*Das macht die GU Küchenratgeber zu etwas Besonderem:*

- ➤ *Rezepte mit maximal 10 Hauptzutaten*
- ➤ *Blitzrezepte in jedem Kapitel*
- ➤ *alle Rezepte getestet*
- ➤ *Geling-Garantie durch die 10 GU-Erfolgstipps*

## Gutgemacht. Gutgelaunt.

### 1 MEHL

- Verwenden Sie zum Backen entweder immer Mehl Type 1050 oder möglichst eine Mischung aus Mehl Type 405 (dem herkömmlichen im Haushalt gebräuchlichen Mehl) und fein gemahlenem Vollkornmehl. Je höher die Mehltype ist, desto gesünder ist das Mehl, weil es mehr Vitamine, Mineral- und auch Ballaststoffe enthält. Teige mit Vollkornmehl brauchen in der Regel mehr Flüssigkeit.

# Geling-Garantie für gesundes Backen

### 4 AUSROLLEN

- Bei unseren Kuchen ist es wichtig, dass sie sich dünn ausrollen lassen. Bei Quark-Öl- und Hefeteig gelingt das mit Hilfe von (wenig) Mehl und einem guten Teigroller. Mürbeteig am besten zwischen zwei Lagen Klarsichtfolie oder aufgeschnittenen großen Gefrierbeuteln ausrollen. Oder: den Teig mit einem kleinen Teigroller direkt in der Form ausrollen.

### 7 ZUTATEN

- Achten Sie auf einwandfreie frische Zutaten: die Qualität und Frische von Mehl (ganz wichtig bei Vollkornmehlen, die schneller ranzig werden als Weißmehl), Nüssen, aber auch Obst. Gerade wenn Sie von süßen Backwaren nicht mehr so viel essen dürfen wie Sie Lust haben, muss die Qualität und damit der Geschmack stimmen.

### 8 MENGEN

- Gewöhnen Sie sich an, Ihre Kuchen, Torten, Tartes und Pies in kleinere Stücke zu schneiden als es normalerweise üblich ist. Auch Plätzchen gelingen im Mini-Format, bieten nicht weniger Genuss und Sie können sich mehrere davon gönnen.